UNE ANNÉE

DE LA

VIE MILITAIRE DE MARCEAU.

NANCY, IMPRIMERIE DE VEUVE RAYBOIS ET COMP.

UNE ANNÉE

DE LA VIE MILITAIRE

DE MARCEAU,

PAR

M. ROBERT L'AINÉ,

ANCIEN OFFICIER D'ÉTAT-MAJOR AUX ARMÉES DE L'OUEST ET DES CÔTES DE
BREST, ET ANCIEN SOUS-INTENDANT MILITAIRE.

NANCY,

IMPRIMERIE DE GRIMBLOT ET VEUVE RAYBOIS,
PLACE DU PEUPLE, 7, ET RUE SAINT-DIZIER, 125.

1850.

AVANT-PROPOS.

La guerre de la Vendée est déjà si loin de nous, tant de plumes plus habiles que la mienne en ont retracé les événements, qu'il peut paraître superflu, même inopportun de parler de cette terrible lutte qui a coûté tant de sang aux enfants de la même patrie. Déplorables effets des guerres civiles, plus barbares, plus atroces que les conflits avec des ennemis étrangers. Ce n'est pas sans en gémir que je rappelle d'aussi douloureux souvenirs ; aussi, homme de paix et de conviction, je ne chercherai point à détruire ni même à affaiblir l'impression profonde qu'ont produite certains mémoires, écrits sous l'influence de l'esprit de parti. Je me contenterai de faire observer que des écrivains royalistes qui ont porté jusqu'aux nues les qualités de leurs chefs, se sont abstenus de parler du talent de ceux qui les ont vaincus. Ils n'ont pas remarqué, sans doute, que c'était faire l'éloge le plus grand des républicains, et que ceux-ci avaient le droit de s'appliquer ce vers si connu

« A vaincre sans péril, on triomphe sans gloire. »

Ils en ont, en effet, conquis une bien grande en rétablissant la paix dans ce malheureux pays, théâtre de tous les fléaux, de tous les brigandages qu'entraîne la fureur des partis. Leçon terrible pour les peuples assez aveugles, assez insensés pour se déchirer de leurs propres mains. Ce qui s'est passé dans les petits états de la Grèce, sous la vaste domination des Romains, nous l'avons vu se reproduire chez nous, plus récemment encore, chez les malheureux Espagnols.

Ce n'est donc point pour rappeler ces sanglantes catastrophes, dont le souvenir ne rend les hommes ni plus humains, ni plus sages, que nous nous sommes déterminé à livrer à l'impression cette notice sur le général MARCEAU ; mais pour ajouter, s'il est possible une feuille à la couronne d'oliviers et de lauriers qu'il a cueillie dans ces champs, témoins de sa valeur, de son humanité. Les faits que je cite, et à la plupart desquels j'ai participé, sont à l'abri de toute contestation, et répondront suffi-samment aux mémoires dont j'ai parlé, presque tous écrits d'après des bulletins dont l'exactitude peut être comparée à celle des bulletins de la Convention.

Si la justice que je me plais à rendre au jeune héros, objet de cette notice, n'a pas été proclamée dans un temps plus rapproché de ses exploits, c'est, je le présume, parce que ceux qui l'avaient connu n'ont pas voulu par discrétion faire revivre une époque de désolation pour la mère patrie. Longtemps retenu par la même considération, je ne me suis déterminé à la publier, que sur l'invitation de ses compatriotes; persuadé d'ailleurs que ceux qui prendront la peine de la lire y trouveront des sujets d'étonnement et d'admiration. Elle fut rédigée sous la Restauration.

Mais cet étonnement, cette admiration feront souvent place à des sentiments pénibles ; on verra que ce n'était pas assez de vaincre, que l'éclat des victoires ne mettait pas les généraux à couvert des persécutions; que plusieurs préférèrent mourir sur l'échafaud à compromettre inutilement la vie des soldats et le salut de la République; que des proconsuls envoyés par la Convention nationale avec des pouvoirs pour la plupart illicites, sans capacité, prétendaient cependant diriger toutes les opérations de la guerre.

Les salons de ces redoutables dictateurs étaient fréquentés par des écrivains, des journalistes, et par tout ce que nos camps comptaient d'intrigants et d'ambitieux. C'était dans ces conciliabules qu'on arrêtait des plans de campagne, qu'on dressait des dénonciations contre le mérite, les justes-milieu, comme on les désigne aujourd'hui.

Les dénonciations retentissaient incessamment dans toute la France, lorsque la presse, par une liberté illimitée, favorisait tous les excès et multipliait les victimes dans les armées comme dans l'intérieur.

Ce fut ainsi hélas! que périrent sur l'échaffaud, dans une période de *quelques mois* des années de 1793 et 1794, d'illustres généraux, officiers supérieurs déjà couverts de gloire et défendant la liberté, et dont les noms de quelques-uns sont restés dans mes souvenirs : tels que, *Dillon* (Arthur), *Leukner* (octogénaire), *Westermann*, *Custines* et *son fils*, son aide-de-camp, *Biron*, *Houchard*, *Guétineau*, les colonels *Thouvenin*, d'*Humbert*. Le général d'*Humbert*, père de ce dernier, fut condamné aux travaux forcés à l'âge de 75 à 76 ans (1).

Au nombre des faits cités dans cette notice, il en est qui sont acquis à l'histoire; mais il en est aussi qui étaient ignorés des historiens. Ils contribueront, ces faits, à combler les lacunes qui doivent un jour compléter la grande leçon destinée aux générations qui s'élèvent, et ils présenteront à leur admiration l'une des plus pures, des plus belles gloires militaires des temps modernes.

---

(1) La famille d'Humbert habitait le château de Morey, près Nomeny.

CAMPAGNE

DU

GÉNÉRAL MARCEAU

DANS LA VENDÉE,

PENDANT L'ANNÉE 1793 (AN II DE LA RÉPUBLIQUE).

***

Marceau, âgé d'un peu plus de 22 ans, arrive à Tours en février 1793 avec la légion germanique, dans laquelle il était capitaine de cuirassiers. Il avait des opinions sages, modérées : c'était assez pour être persécuté. Aussi fut-il dénoncé comme suspect, et le représentant du peuple Bourbotte, commissaire de la convention nationale près l'armée de l'Ouest, le fit arrêter et emprisonner à Tours.

Cependant la jeunesse de Marceau, son esprit cultivé et surtout sa franchise remarquable avaient intéressé en sa faveur des hommes alors en crédit, qui sollicitèrent et obtinrent sa mise en liberté après quelques jours de cachot.

De retour à son régiment, il entre en campagne. Il eut, avec peu de monde, plusieurs succès sur des forces supérieures aux siennes. Le représentant du peuple Bourbotte, le même qui l'avait fait arrêter, fut un jour enveloppé par un parti vendéen, Marceau le dégage et lui sauve la vie au péril de la sienne.

Bourbotte, pénétré de reconnaissance de ce trait de générosité et de courage, nomme son libérateur adjudant-général, et l'envoie à Luçon, sous les ordres du général Lecomte.

Au mois d'août 1793, Luçon est attaqué; une de nos colonnes est repoussée. Marceau tourne le flanc droit de l'ennemi avec de l'infanterie et deux escadrons de cavalerie, le charge avec impétuosité, et reste maître de Luçon.

Les royalistes se retirent sur Chantonnay. Lecomte suit leur mouvement; mais sa marche est si rapide que tout son monde ne peut arriver avec lui. Il campe en avant de cette ville dans un défilé où passe la petite rivière, dit le Grand-Hoje.

Le 5 septembre, les républicains sont assaillis dans cette position et tournés sur toute leur ligne. On se bat avec fureur jusqu'à la nuit, qui sépare les combattants. Lecomte perd le tiers de ses troupes, et se trouve resserré plus étroitement dans ces nouvelles fourches caudines, où il s'est imprudemment engagé.

L'ennemi, le lendemain, devait compléter sa victoire.
Le soldat savait qu'il n'avait point de quartier à en attendre, il jure de ne point se rendre et de vendre chèrement sa vie.

Cependant Marceau parle de retraite ; Lecomte la croit impossible. « La tenter, dit-il, serait nous exposer à être » massacrés les uns après les autres, sans possibilité de » nous défendre. » Nouveau Léonidas, il veut imiter les Spartiates aux Thermopiles, et donner au monde un second exemple du plus héroïque dévoûment (1). Mais Marceau insiste. Il tire de sa poche une carte qu'il avait lui-même tracée en battant le pays ; tous deux l'examinent à la lueur des feux ennemis, et la retraite est décidée.

A 11 heures du soir, les républicains se mettent en marche dans le plus grand silence, traversent la rivière qui était guéable, franchissent les haies, les ruisseaux qui coupent ces contrées bocagées. La cavalerie met pied à terre ; l'infanterie avance, en se courbant, dans les intervalles qui séparent les colonnes ennemies, où, trop surs de leur proie, les royalistes avaient négligé de placer

---

(1) Le général Lecomte fut tué le 11 octobre 1793, à la bataille de Châtillon-sur-Sèvres. Plus soldat que général, brave, humain, probe, son nom est honorablement cité dans les mémoires sur la guerre de la Vendée.

des avant-postes, ou plutôt parce qu'une manœuvre telle paraissait impraticable. Enfin cette faute et le conseil de Marceau sauvent cette poignée de braves qui se dirigent sur Luçon, par les bois, évitant avec soin La Châtaigneraie et Sainte-Hermine.

L'armée venait de recevoir l'ordre de se réunir à Chollet, sous le commandement en chef du général Léchelle. Marceau reçoit celui de s'y rendre avec 4,000 hommes.

La ville de Chollet est située au sud-ouest du département de Maine-et-Loire, il fallait par conséquent traverser presque entièrement celui de la Vendée, centre de tous les rassemblements royalistes.

Marceau juge tout d'abord les difficultés et les dangers de cette longue marche avec un petit corps de 4,000 hommes, qui va être absolument isolé ; cependant il obéit. Il fait donner à sa troupe des vivres pour plusieurs jours, et part de Luçon. Il évite les villes et les bourgs, se frayant avec ses sapeurs des chemins, partout où il est nécessaire. Ses bivouacs sont toujours établis dans les bois ou près des rivières, sur lesquelles il s'appuie, et qu'il laisse autant que possible entre lui et les points où il craint les attaques des royalistes.

Cependant ceux-ci informés du mouvement de Marceau, dispersent leurs troupes pour aller à sa recherche. Il est rencontré sur divers points ; mais marchant en colonnes serrées, il a toujours l'avantage sur les détachements isolés qui ne peuvent le forcer à une bataille rangée, par suite des positions qu'il prend. Enfin l'ennemi rassemble avec célérité de forts et nombreux bataillons, pour l'écraser ou empêcher sa jonction avec l'armée. Mais ses marches et contre-marches sont tellement rapides et cachées qu'après dix jours/de fatigues, il arrive à sa destination sans avoir été entamé. Cette belle manœuvre est admirée des deux partis.

L'ennemi, qui avait réuni toutes ses forces, les porte sur Chollet, et prend position entre Tiffange et le village de la Romagne.

Les républicains établissent leurs lignes sur les hauteurs de Maulevrier, appuyant leur droite sur les bois de la Plame ; leur centre est commandé par Marceau.

Le combat s'engage et, malgré une vigoureuse résistance, la gauche des républicains est enfoncée. Marceau, dont la gauche est à découvert, rompt sa ligne, marche en colonnes serrées derrière et sur le flanc des vainqueurs, et arrête leur mouvement. Notre gauche se rallie et reprend ses positions. Une bataille sanglante est livrée. La gauche des Vendéens, chargée à fond par notre cavalerie, se met en désordre, notre infanterie force leur centre, et leur armée vaincue se disperse (1). Marceau poursuit leur

______

(1) Lorsque les Vendéens sont complétement battus, et que leurs moyens de retraite ne sont pas bien assurés, ils

arrière-garde, et la rejette de l'autre côté de la Loire, qu'elle passe près de Saint-Florent. Beaupréau, où 7 à 800 hommes des nôtres étaient prisonniers, tombe en notre pouvoir; ils sont délivrés (1).

Marceau, qui avait si puissamment contribué au gain

se dispersent pour se rassembler de nouveau à l'époque et dans les lieux qui leur sont indiqués avant l'action, par leurs généraux. D'où il résulte qu'ils ne perdaient de monde que sur les champs de bataille; que ceux qui s'enfuyaient étant le plus grand nombre, il ne faudra pas s'étonner de les voir reparaître en ligne presque immédiatement après avoir été vaincus. La connaissance qu'ils ont des lieux; les difficultés pour une armée régulière de les parcourir ont favorisé les Vendéens jusqu'à la bataille de Savenay, où Marceau prit des mesures telles que ceux qui échappèrent ne se trouvèrent plus ni assez forts, ni assez nombreux pour espérer désormais des succès contre les républicains.

(1) Les Vendéens n'ayant pas le temps d'enlever ces prisonniers, veulent les massacrer. M. de l'Escure, un de leurs plus célèbres généraux, qui venait d'être mortellement blessé, s'y oppose, demande leur grâce qu'il obtient et expire bientôt après. Dès l'origine de la guerre civile, le vertueux l'Escure avait fait tout ce qui lui était possible pour l'empêcher, et il n'y prit part que lorsque ses jours ne furent plus en sûreté chez lui.

de la bataille de Chollet, est nommé général de brigade.

Les royalistes sont dispersés; mais leur rendez-vous est sur la Mayenne : ils se dirigent sur Laval.

Le général en chef Léchelle se met à leur poursuite, rangeant son armée sur une seule ligne sans s'écarter de la grande route. C'est dans cet ordre qu'il s'enfourne dans Entrasme, gorge étroite, à travers laquelle passe la rivière de Mayenne. Marceau se permet de lui représenter tout le danger de cette manœuvre, en lui démontrant l'importance de former plusieurs colonnes, afin de pouvoir prendre son ennemi en flanc. Ce conseil n'est pas écouté. Les royalistes s'aperçoivent bientôt d'une faute aussi grave, et en profitent; sans donner aux républicains le temps de se reconnaître, ils tombent sur eux et les battent complétement. Au milieu de ce désastre, Marceau conserve son sang-froid. Il sort du défilé, et forme, à son ouverture sur un plateau, le bataillon carré, se met à sa tête et en défend l'entrée. Entouré de toutes parts, il répond à tout par un feu formidable et des charges à l'arme blanche; enfin il soutient sans s'ébranler tout le choc de l'ennemi. Pendant qu'il combat avec cette intrépidité, le gros de l'armée républicaine fait sa retraite hors de Laval, où elle prend une position qui, obligeant les royalistes à un changement de front, facilite aussi la retraite de Marceau. Il est blessé dès le commencement de l'action, il souffre beaucoup; mais il cache sa blessure à ses soldats, et ne songe même pas à quitter le combat.

Les républicains, après la bataille de Laval, se retirent sur La Flèche.

Léchelle, plus ignorant que coupable de trahison, est destitué, et Marceau, dont le génie grandit avec le danger, est nommé général de division.

Depuis le commencement de la campagne, la guerre n'avait pas été heureuse, car tandis que le gros de l'armée obtenait des succès dans le Bocage, partout sur les autres points, nos troupes avaient été battues ou forcées à des retraites précipitées.

Les généraux qui avaient commandé en chef jusqu'alors avaient montré peu de capacité, et nos défaites avaient encouragé les royalistes. Leurs généraux, qui acquéraient chaque jour plus de connaissances stratégiques, avaient gagné la confiance des habitants des vastes contrées de l'Ouest de la France. Déjà l'insurrection s'étendait depuis Niort, chef-lieu du département des Deux-Sèvres, jusqu'à Rennes, chef-lieu de celui d'Ille-et-Vilaine (1). D'un autre côté l'armée républicaine était découragée. La grandeur de ses pertes pouvait être calculée à plus de quatre-vingt-dix mille hommes, parmi lesquels on comptait plus de

---

(1) Il est juste pourtant de dire que les grandes villes de ces contrées, telles que Nantes, Rennes, Angers, Niort, Fontenay et les petites villes du littoral de la mer étaient en général animées du meilleur esprit.

moitié des troupes d'élite qui étaient venues des armées du Nord, des Ardennes, de la Moselle, des Pyrénées, et dont le départ, ayant dégarni nos frontières, avait laissé faire aux alliés de grands progrès sur notre territoire.

Lyon venait aussi de se soulever, et un parti plus dangereux encore que la révolte des Lyonnais, connu sous le nom de fédéraliste, s'était déclaré ouvertement contre la Convention nationale, et agissait offensivement dans la Normandie et dans la Provence ; Toulon était au pouvoir des Anglais.

La situation de la France, à aucune époque de notre histoire, n'avait été plus critique. La Vendée était le point le plus menaçant ; c'était là qu'il fallait obtenir des succès décisifs, car si les républicains y perdent encore une bataille, les royalistes sont aux portes de Paris. Alors tout est en combustion, tout devient anarchie, et la patrie, ainsi déchirée par les factions, les alliés s'en partageaient les lambeaux : le fameux traité de Pilnitz, tenu très-longtemps secret venait d'être connu (1). Dans ces conjonctures

---

(1) Par ce traité, les rois coalisés devaient se partager l'Alsace, la Lorraine, la Flandre. La nouvelle de cet acte inique s'étant répandue, les Français de toutes les opinions, de tous les rangs, de tous les âges, volent à la défense de nos frontières. Toute la jeunesse de Toulouse, Montpellier, Marseille, Bordeaux, s'organise sous le nom de compagnies franches, et vient grossir nos armées dans l'Ouest.

difficiles, le gouvernement républicain ne néglige rien pour écraser, dans la Vendée, la tête de l'hydre. Il fait venir des troupes qu'il tire encore de ses armées du Nord, du Midi et de l'Est ; mais ces armées, devenues trop faibles pour rien entreprendre, vont rester sur la défensive. D'immenses travaux sont exécutés sur tous les points susceptibles de résistance, et tout le pays est couvert d'approvisionnements de guerre et de bouche.

A toutes ces mesures sages, il en ajoute une épouvantable. Il fait décréter le 1er août 1793, par la Convention, que tout le pays insurgé sera incendié, et envoie *en poste*, à cet effet, des matières combustibles qui devaient consommer la ruine de l'innocent comme du coupable.

Mais la Vendée est plus heureuse que le Palatinat. Les généraux républicains trouvent dans leur humanité les moyens d'éluder l'exécution d'ordres aussi barbares, et de ne point suivre l'exemple des généraux de Louis XIV. Les incendies se bornent à des feux nombreux, sur des points où ils ne pouvaient rien détruire. Ces feux, dont les généraux exagérèrent à dessein les désastres, par leur correspondance officielle, mirent leur responsabilité à couvert, et eurent en même temps pour effet d'assurer les succès et de faciliter les manœuvres de nos armées.

Il s'agissait de donner un successeur au général en chef Léchelle. Les représentants du peuple, au nombre de sept près les armées, s'organisent en commission. Ils y appellent tous les généraux marquants des grandes divi-

KLEBER.
Général en Chef de l'Armée d'Égypte
1800

sions de l'Ouest et des côtes de Brest. Jusqu'alors le commandement de ces deux divisions avait été séparé ; mais l'insurrection s'étant étendue jusqu'en Bretagne, on sentit qu'il était indispensable de réunir les deux armées sous les ordres d'un seul général, afin que les opérations ne pussent point se trouver entravées, et que toutes les mesures fussent coordonnées d'après un même plan de campagne.

KLÉBER (1), qui venait d'arriver dans la Vendée avec 15,000 hommes de la garnison de Mayence, et dont la réputation militaire était déjà grande, est nommé général en chef. Il refuse et propose MARCEAU en sa place. Cette proposition est unanimement accueillie, et Marceau, qui n'a pas encore atteint sa vingt-troisième année, est nommé

---

(1) Kléber avait pour chef d'état-major le général Buquet l'aîné, notre concitoyen. Cet officier général, aussi modeste que distingué et si jeune encore à cette époque, déploya une habileté remarquable à la guerre : on peut voir les bulletins militaires du temps, toujours si simples, si vrais ; mais l'humanité de Buquet envers les Vendéens, que le sort des armes faisait tomber entre ses mains, était le plus glorieux de ses titres.

(Cette note a été ajoutée au manuscrit depuis la mort de ce général. On verra plus loin ce qui a motivé ce silence.)

général en chef des armées de l'Ouest et des côtes de Brest (1).

Cependant Marceau refuse aussi cette dignité périlleuse, qu'il regarde comme bien au-dessus de ses forces. Kléber insiste, le presse d'accepter, lui promettant de l'aider de tous ses moyens, et il ajoute : « Si nous sommes » malheureux, je veux en porter seul toute la responsabilité » sur ma tête. »

Marceau cède enfin, il se charge de ce dangereux fardeau (2). Il se pénètre promptement des grandes obligations que lui impose le rang éminent auquel il vient d'être élevé. Il ne calcule les difficultés qui se présentent de toutes parts que pour étudier les moyens de les vaincre.

Une forte organisation des deux armées est le premier objet de sa sollicitude. Il s'en occupe avec Kléber,

---

(1) Le général Rossignol commandait l'armée des côtes de Brest depuis quelques mois.

(2) Marceau s'empresse d'annoncer à ses amis de Paris cette nomination, en les suppliant avec instance de se rendre au comité de salut public, et de parler même particulièrement à Robespierre, s'il le faut, pour qu'elle ne soit point confirmée. Mais sa réputation était déjà faite, et le comité approuve le choix des représentants du peuple, quelles que soient les réclamations des amis de Marceau.

et ils arrêtent ensemble un plan pour la campagne, dont les résultats vont prouver le génie de ces deux illustres chefs.

Leur courage jusqu'ici avait bien agi dans toute sa liberté, mais leurs lumières n'avaient pas encore brillé de tout leur éclat; leur habileté va se déployer tout entière, parce qu'elle ne sera plus contrainte, et la victoire, si longtemps fidèle aux Vendéens, va reprendre son rang dans les phalanges républicaines.

Les grandes occupations de Marceau ne l'ont pas distrait des soins importants de chercher à pénétrer les projets de l'armée royaliste. D'après les renseignements qui lui arrivent, les marches et contre-marches qu'elle fait pour masquer ses desseins, il ne doute pas que l'intention des chefs ne soit de se porter sur Antrain et Dol. En conséquence l'armée républicaine se rassemble sur La Flèche. Marceau en détache deux divisions : l'une se porte sur Pontorson, l'autre sur Dol, et toutes deux couvrent en même temps les flancs de l'armée.

Le... brumaire an II, Marceau part de La Flèche avec le centre et les réserves. Il se dirige par Sablé sur Laval, que l'ennemi, qui venait de s'en rendre maître, évacue à son approche, et continuant sa marche par Rennes, il atteint les royalistes à Antrain.

Des bivouacs sont aussitôt établis à peu de distance de cette ville. Pendant la nuit et dans le plus grand silence, il fait occuper quelques défilés, et se met ainsi à l'abri de toutes surprises.

Le lendemain, dès la pointe du jour, les deux armées sont en présence, l'une et l'autre dans des positions aussi militaires que le terrain pouvait le permettre : l'empressement de commencer l'action est égal des deux parts.

Le combat s'engage, il dure 3 heures et ne décide rien. Marceau, qui craint que la victoire ne lui échappe, fait approcher sa réserve, qui n'avait pas encore donné, se met à sa tête, tombe sur le centre des ennemis, l'enfonce et le force à la retraite, après leur avoir tué et mis hors de combat un monde considérable.

Mais pendant qu'il gagne la bataille d'Antrain, les deux divisions qu'il avait envoyées sur Dol et Pontorson sont successivement repoussées. Ce mouvement rétrograde laissant libre la route de Granville, ces divisions reçoivent ordre de se porter sur cette ville où elles arrivent avant les royalistes qui s'y rendaient en toute hâte. Les ennemis, maîtres de ce port de mer et animés d'une même haine contre la république, cherchaient à se réunir aux fédéralistes de la Basse-Normandie, qui, comme je l'ai dit plus haut, avaient arboré l'étendard de la révolte. La prévoyance admirable des généraux républicains empêcha les rebelles, ainsi refoulés, de porter dans une nouvelle province le fléau de la guerre civile (1).

----

(1) Cette alliance entre deux partis opposés d'opinion n'eût pas durée au-delà du danger commun. Les Vendéens

Les avantages remportés par l'ennemi aux portes de Dol et de Pontorson neutralisèrent en partie ceux que nous devions tirer de nos succès à Antrain, puisqu'ils protégeaient leur marche sur la Loire, et Angers était menacé. Cette grande ville, chef-lieu du département de Maine-et-Loire, n'était pas sans défense; mais ses habitants n'étaient pas tous disposés en notre faveur. La prise d'Angers

---

voulaient la monarchie absolue, et les fédéralistes la monarchie constitutionnelle (*), telle que Louis XVIII l'a donnée en 1814 aux Français reconnaissants.

(*) D'une part la folie de l'émigration, l'aveuglement de la cour et des royalistes et le traité de Pilnitz, de l'autre l'exaltation du parti populaire, le sang versé et la tête du malheureux Louis XVI abattue, rendaient à cette époque toute conciliation impossible, et la monarchie constitutionnelle était bien loin d'être réalisable. Aussi l'insurrection fédéraliste ne fut-elle qu'une protestation avortée contre les fureurs de la Montagne; et ce qui le prouve, c'est qu'à la tête de l'insurrection se trouvaient ceux des Girondins qui avaient échappé au massacre du 31 mai. Or les Girondins, comme on sait, n'étaient pas moins républicains, quoiqu'ils le fussent d'une manière moins atroce que leurs cruels adversaires. Ce qui perdit les fédéralistes, c'est, ainsi que leur nom seul l'indique, qu'ils méconnaissaient la haute nécessité, la forte et vitale portée de cette idée : L'UNITÉ DU TERRITOIRE. Ce fut cette idée toute française qui les écrasa, et les Jacobins, qui certes n'en étaient pas les auteurs, eurent l'habileté de l'exploiter contre eux.

par l'ennemi allait nous priver des magasins considérables que nous y avions établis, augmenter ses forces et porter le découragement dans l'esprit des citoyens qui nous y étaient dévoués.

D'après toutes ces considérations, Marceau part d'Antrain et détache cependant, à marche forcée, un petit corps de voltigeurs pour occuper l'ennemi et l'entraver dans sa route. Ce stratagème réussit au-delà de toute espérance. Les royalistes, qui croient reconnaître dans cette troupe le corps d'avant-garde, s'arrêtent, se rassemblent. Pendant ce temps le général en chef gagne du terrain, arrive à Angers avec son armée par une direction opposée, et lorsque l'avant-garde vendéenne n'en était plus qu'à 4 lieues.

Ce coup manqué, l'ennemi veut porter le théâtre de la guerre dans le département de la Sarthe, où déjà des insurrections partielles s'étaient organisées : il réunit au Mans et dans les environs plus de soixante mille hommes.

Marceau, après avoir ordonné la construction de nouveaux ouvrages pour la défense d'Angers, quitte cette ville avec environ 30,000 hommes ; les généraux Kléber et Muller étaient en marche depuis deux jours avec leurs divisions.

Toute l'armée républicaine arrive devant Le Mans le 22 frimaire an II, lorsque déjà Kléber et Muller escarmouchaient avec les rebelles. Les deux ailes se déploient, et une réserve est placée derrière le centre.

Le combat commence sur tout le front de bataille par un feu d'artillerie bien nourri : néanmoins les bataillons s'avancent, des décharges de mousqueterie renversent les rangs des deux côtés, et la victoire reste incertaine.

Marceau et Kléber, qui craignent le découragement de leurs troupes, font avancer la réserve et la division du général Tilly, nouvellement arrivée en poste de l'armée des côtes de Cherbourg, se mettent à leur tête et chargent sur les retranchements du camp ennemi, qu'ils enlèvent à la bayonnette.

Les royalistes se retirent en bon ordre dans la partie occidentale de la ville, défendue par une forte muraille et par des ouvrages en demi-lune, armés de batteries.

Le lendemain 23, Le Mans est attaqué, ses murs sont franchis ; une bataille est livrée dans la ville. On se bat corps à corps, le carnage est affreux ; cependant l'ennemi succombe, et sa déroute est complète.

Plus de dix mille hommes tués ou blessés, la prise du trésor, beaucoup d'artillerie, des magasins, sont les trophées de cette victoire (1).

---

(1) Marceau sauve l'honneur et la vie à plusieurs jeunes filles vendéennes. Une surtout est arrachée par lui des mains des soldats, et conduite, par son ordre, chez le curé du Mans, par le général Savary, qui la recommande à ce pasteur. Cette intéressante demoiselle ne connaissait pas

Marceau et Kléber parcourent le champ de bataille; ils déplorent la perte de tant de Français dignes d'un meilleur sort, et versent des larmes sur ce théâtre de désolation.

L'ennemi fait sa retraite. Il passe les rivières de Sarthe et de Mayenne à Sablé et Château-Gonthier, et se dirige, par Craon , sur Blain , département de la Loire-Inférieure.

Marceau le poursuit sur trois colonnes, passe par La Flèche et Durtal, pour couvrir Angers et empêcher les rebelles de passer la Loire: Craon est évacué à notre approche (1).

---

sans doute son libérateur , car elle lui offrit des présents qu'il est inutile de dire qu'il refusa. En effet, la jeunesse de Marceau, la simplicité de son uniforme et de ses armes, avaient dû la tromper. Rien n'annonçait, dans son extérieur le général couvert de tant de lauriers.

(1) Dans le même temps, le bruit court que les Vendéens ont réussi à repasser la Loire. Ce bruit arrive jusqu'aux représentants du peuple. L'un d'eux, Prieur de la Marne, dit que s'il en est ainsi Marceau est sûr d'être guillotiné. Cette menace est entendue par le général en chef et par quelques officiers de son état-major, qui reposaient dans un cabinet voisin, et qui, ne pouvant retenir leur indignation, s'exaltent en propos contre Prieur.

Marceau leur répond avec calme, que tout homme que

L'armée républicaine se dirige sur Blain, s'arrête à Fritz, où elle séjourne pour prendre du repos : elle y fait sa jonction avec les troupes de La Flèche et de Durtal.

Le 3 frimaire, les divisions sont en mouvement et arrivent bientôt à la distance d'une demi-lieue de Blain : elles prennent positions sur les hauteurs, en face de celles occupées par l'ennemi.

Le général en chef, impatient d'examiner le camp des royalistes, fait lui-même une reconnaissance qu'il pousse assez loin, pour s'assurer du danger imminent qu'il y aurait à vouloir les déloger par une attaque de front.

De retour à son quartier général, il reçoit l'ordre des représentants, qui avaient toujours commandé en dictateurs, de forcer de front les lignes ennemies. Marceau refuse d'obéir, faisant observer que ce serait s'exposer à perdre beaucoup de monde, sans espoir d'un succès certain. Les commissaires de la Convention n'insistent point, mais ils lui disent qu'il demeure seul responsable des mesures qu'il va prendre.

Pendant le silence de la nuit, Marceau fait un mouvement sur les flancs des rebelles. Il occupe la route de

---

le génie ou le hasard élève trop haut dans les républiques, doit s'attendre à porter sa tête au couteau fatal; que lui, en acceptant le commandement en chef, il y avait dévoué la sienne.

Nantes, intercepte celle d'Ancenis, entre Nort et Nozai, sa droite appuyée sur le bois de Saint-Nicolas de Redon.

Cette manœuvre coupant à l'ennemi ses plus importantes communications, et ne lui laissant aucun moyen de nous attaquer sans risquer beaucoup, il abandonne Blain, où il avait cherché à nous attirer, et se porte sur Savenay. La prudence du général en chef, la manœuvre savante qu'il venait de faire, reçoivent de grands éloges des représentants du peuple, qui, parcourant le camp abandonné, reconnurent le péril où l'exécution de leurs ordres nous eût exposés.

Les rebelles, en quittant Blain, avait rompu les écluses qui étaient placées sur les deux larges canaux qui entourent cette ville au Nord, à l'Est et au Sud. Mais les rudes républicains ne sont point arrêtés par ces obstacles, ils passent ces canaux, les uns à gué, les autres à la nage.

Notre avant-garde, atteint bientôt l'arrière-garde ennemie, avec laquelle elle échange quelques coups de canon.

Le 2 nivôse an II, l'armée républicaine arrive à une lieue et demie de Savenay, où elle établit ses bivouacs.

Marceau à la tête de sa cavalerie va reconnaître les positions des ennemis et les forces qu'ils ont à lui opposer. Le 3, avant le jour, il fait avancer ses troupes jusque sur les hauteurs de Melleville, où elles campent entre ce village et la grande route de la Roche-Bernard à Savenay. A 7 heures du matin, le combat s'engage sur toute la ligne. Marceau avait remarqué, dans sa reconnaissance de la veille, qu'on pouvait acculer la gauche des rebelles sur un marais et leur centre sur la Loire. Mais pendant qu'il fixe son attention sur ces deux points, il s'aperçoit que deux de ces colonnes sont repoussées. Aussitôt il vole à leur secours avec partie de sa réserve et la division de l'armée de la Moselle, récemment arrivée dans la Vendée. Il fond sur l'ennemi avec ses troupes d'élite, regagnant le terrain qu'on avait perdu. Les royalistes, poussés par le désespoir, font des prodiges de valeur. Pendant cette action sanglante et si acharnée de part et d'autre, Kléber, avec le reste de la réserve, se porte rapidement sur leur gauche, l'attaque et l'accule avec partie de leur centre, sur la Loire et les marais que le général en chef avait, comme il est dit plus haut, reconnus lui-même.

Ce succès ayant rompu les bataillons vendéens, Marceau charge celles de leurs troupes qui faisaient encore bonne contenance, en même temps qu'il fait enlever d'assaut deux redoutables batteries. L'ennemi, entouré de toutes parts, continue le combat : cependant ses redoutes sont prises, et ses canonniers meurent sabrés sur leurs pièces. Ce dernier échec est fatal; les rebelles sont dispersés et forcés de céder aux républicains un champ de bataille qu'ils leur avaient si longtemps disputé.

Mais leur retraite est coupée sur tous les points où ils essayent de l'opérer. Notre artillerie légère, une nombreuse cavalerie détruisent le reste de leurs meilleures troupes.

Les chemins que suivent ces malheureux sont couverts de leurs morts, les mourants sont foulés aux pieds, et ils expirent , regrettant moins la vie que la victoire (1).

---

(1) On sera peut-être étonné que dans cette notice il ne soit pas parlé nominativement de tous les généraux et officiers supérieurs qui se sont distingués dans cette mémorable campagne.

Mais est-ce alors qu'une réaction domine; que cette réaction pousse l'esprit de parti jusqu'à élever une colonne triomphale (*) aux vaincus, qu'il serait prudent de nommer les vainqueurs ? Non ce serait agir contre leurs intérêts du moment. Leurs exploits ne se perdront point dans la nuit des temps : l'influence qu'ils ont eue sur le sort de la France n'échappera point à l'histoire. Elle apprendra à la postérité que c'est dans Antrain, le Mans et Savenay que l'armée de l'Ouest, accomplissant ses destinées, a déchiré le traité de Pilnitz.

(*) Cette colonne est un audacieux mensonge. La protection que le ministre de la guerre, le maréchal duc de Dalmatie, lui a accordée pour en presser l'exécution ne peut être que de l'ironie : on sait que le général Soult était un républicain sévère.

L'ennemi a plus de 20,000 hommes tués, blessés, hors de combat. Ah ! jamais la France en deuil ne perdit autant de ses enfants en un seul jour.

Les représentants du peuple donnent aux généraux et aux soldats des marques publiques de leur satisfaction : dans leurs rapports à la Convention , ils proclament Marceau et Kléber sauveurs de la patrie (1).

La perte de la bataille de Savenay par les rebelles, venait de les mettre hors d'état de continuer la guerre.

---

(1) Parmi les généraux qui reçurent de grands éloges, pour leurs brillants exploits dans cette guerre, nous nommerons le général de Billy. Ce fut surtout à la défense de Nantes, assiégée par l'armée vendéenne dont la force était triple de celle de la garnison de cette place, qu'il trouva de grandes occasions de se distinguer. Le général en chef de Canclaux, dans son rapport au gouvernement, sur la levée du siége et la défaite des assiégeants, rend un hommage honorable à ses talents, à son infatigable activité.

De Billy, devenu général de division, fut blessé mortellement à la bataille d'Iéna , au succès de laquelle il eut une grande part : il mourut avec la certitude de la victoire.

L'empereur illustra le nom de ce héros en le donnant à l'un des plus beaux quais de la Capitale.

Leurs plus illustres généraux, les Larochejaquelin (1), de l'Escure, de Talmont (2), Bonchamp, Cathelineau (3), venaient de terminer, dans les combats, une vie honorable par une mort glorieuse.

---

(1) Dans une charge de cavalerie, Marceau et Larochejaquelin se trouvent face à face. Ils se reconnaissent par leurs panaches; mais animés d'une haute estime l'un pour l'autre, ils baissent spontanément leurs épées. Ils étaient du même âge et avaient encore toute la *blancheur* de leur âme.

(2) Ce prince avait toujours traité nos prisonniers avec humanité. Pris lui-même par nos soldats, ses jours sont respectés par eux; ils font panser ses blessures. Mais il meurt bientôt victime des lois atroces qui régissent les États pendant les guerres civiles.

(3) Cathelineau, simple paysan, avait été nommé général en chef, du consentement unanime des généraux royalistes; et, chose très-remarquable, le même jour le gouvernement républicain nommait un *noble*, M. de Biron, au commandement en chef de l'armée de l'Ouest, qu'il ne conserva que peu de jours. Il fut arrêté à Niort et guillotinné à Paris. Il avait été le digne frère d'armes de Lafayette, du duc de Chartres (le roi Louis-Philippe). L'armée de l'Ouest le vit avec joie arriver à sa tête, et les espérances qu'elle avait conçues de ses talents militaires dès longtemps éprouvés eussent été justifiées. Il pouvait fuir en Angleterre, la ma-

Dès ce moment on pouvait dire que cette guerre désastreuse était terminée. Le plus grand nombre des Vendéens rentrent dans leurs foyers, et ceux qui restent sans ressources, ou que la peur poursuit, vont grossir en Bretagne quelques bandes de partisans qui s'y organisent sous le nom de Chouans, ayant à leur tête le célèbre Charrette.

Les communications étant rétablies dans toute la Vendée, où enfin l'on voyageait avec sécurité, l'armée républicaine fut disloquée. Des corps de cavalerie, d'infanterie, toute l'artillerie de campagne partent pour nos armées du nord et de l'est, qui désormais vont reprendre l'offensive et signaler leur rentrée en campagne par les victoires mémorables de Fleurus et du Gresberg, le déblocus de Landau et l'évacuation de la Flandre et de l'Alsace. D'autres corps de troupes se rassemblent dans les environs de Saint-Malo, où l'on voulait tenter une descente sur les îles de Jersey et Guernesey.

Ceux des corps qui ont le plus souffert vont prendre leurs quartiers d'hiver le long de la Loire, de la Sèvre et de la Mayenne.

Marceau et l'état-major général s'établissent à Châteaubriant.

---

rine était aussi sous ses ordres; mais il défiait (ce fut son expression) qu'on pût le trouver coupable; cette confiance le perdit.

Le général en chef se démet du commandement, et envoie sa démission aux représentants du peuple qui l'acceptent. Ils craignaient de laisser plus longtemps à la tête de l'armée un général dont ils n'avaient plus besoin, et qui avait acquis sur elle un grand ascendant ; effet ordinaire de la valeur et du génie.

D'ailleurs Marceau résistant à leurs ordres, ne les ayant jamais consultés que par procédé, leur amour-propre, souvent blessé, cachait une haine secrète qu'il n'ignorait pas, et dont l'éclat pouvait lui être fatal.

La santé de Marceau était fort délabrée ; cependant il se livre à l'étude au lieu de se soigner. Une maladie cruelle se déclare bientôt, et ses progrès rapides le conduisent aux portes du tombeau. Mais d'habiles médecins, un tempérament robuste lui sauvent la vie, et conservent à la France un guerrier que de nouveaux succès attendent. Quand ses forces sont un peu rétablies, il se rend à Paris avec un congé de convalescence.

L'empressement du public pour jouir de la vue du vainqueur de la Vendée est extrême. Il n'a que 23 ans et l'air plus jeune encore. Son nom, sa gloire sont dans toutes les bouches ; chaque jour qu'il passe dans la capitale est témoin de l'admiration que lui portent ses habitants.

Sa santé entièrement remise, il demande du service, et est envoyé à l'armée de Sambre-et-Meuse, où le commandement de l'aile droite lui est confié par le général en chef Jourdan.

C'est maintenant contre les ennemis de la France qu'il va tirer son épée. Il n'aura plus, pour ainsi dire, à regretter ses victoires. Mais bientôt la mort vint changer en deuil les plus justes espérances.

Blessé à Hœstbach, c'est à Altenkirken qu'expira cet héroïque jeune homme, le 22 septembre 1796, dans la 27ᵉ année de son âge (1).

Le jour où l'armée déposa son corps au fort Petersberg, il y eut suspension d'armes. L'armée autrichienne,

---

(1) Le mariage de Marceau était arrêté, il devait épouser l'aînée des deux filles du marquis de Chateaugiron, de l'une des plus nobles et plus riches maisons de la Bretagne. Le mariage allait être fait à l'armée, dont Marceau ne pouvait s'absenter. Mais dans la nuit qui précéda le départ projeté de madame de Chateaugiron la mère avec sa fille, le président du Directoire exécutif reçut, par courrier extraordinaire, la nouvelle fatale de la blessure mortelle de Marceau, et en donna avis aussitôt à la famille de Chateaugiron. Mademoiselle de Chateaugiron épousa depuis le marquis Dodun, premier secrétaire d'ambassade à la cour de Vienne, où elle mourut en couches. A cette époque fatale, M. Dodun se retira dans sa terre près Charenton, où depuis plus de quarante ans il vit en sage, en philosophe, entouré des bénédictions des pauvres et des respects de tous ceux qui le connaissent.

aux ordres de S. A. I. l'archiduc Charles, lui rendit, dans son camp, les honneurs funèbres de feld-maréchal. Des salves d'artillerie, tirées sur les deux rives du Rhin, annoncèrent à la fois et la perte que nous avions faite et l'admiration de l'ennemi. C'est à ce fort Petersberg que l'armée éleva une pyramide simple ; sous sa base reposent les cendres de Marceau.

Kléber, son illustre ami, improvisa son éloge funèbre. Les populations voisines étaient accourues à cette triste et imposante cérémonie.

Les mémoires du temps ayant signalé à la postérité ses exploits à Fleurus (1), sur l'Ourthe, la Roer, dans le Hunderuck, sur le Rhin, il n'en sera point fait mention dans cette notice : l'auteur n'a pas, à son grand regret, suivi Marceau jusqu'au dernier moment. Témoin oculaire des faits qu'il a rapportés ci-dessus, il ne pourrait parler de ceux qui ont suivi que sur des témoignages étrangers, et il aime mieux terminer ici sa narration. Toutefois, comme tout ce qui se rattache à la vie des hommes extraordinaires ne peut manquer d'intéresser, quelques détails sur les antécédents de Marceau pourront servir (l'auteur en a l'espoir) plutôt à rehausser un noble et pur modèle qu'à satisfaire une vaine curiosité.

---

(1) Dans cette affaire, Marceau eut plusieurs officiers de son état-major tués et blessés à ses côtés, et deux chevaux tués sous lui.

Marceau naquit à Chartres, le 1ᵉʳ mars 1769. Son père, chargé d'une nombreuse famille, exerçait dans cette ville les fonctions de greffier du tribunal criminel. Destiné lui-même à une carrière semblable, ses parents dirigèrent son éducation vers ce but, quoiqu'il y montrât peu de penchant. Ses goûts, son caractère étaient tout militaires. Il se livrait spécialement aux mathématiques, et c'est dans l'étude de la science stratégique que la révolution vint le saisir.

A la formation des corps de volontaires en 1791, il fut nommé capitaine dans le bataillon d'Eure-et-Loir. Après la campagne de 1792, où il s'était déjà distingué, il passa avec le même grade dans la compagnie de cuirassiers de la légion germanique, qu'on venait d'organiser : c'est avec ce corps qu'il vint dans la Vendée, en février 1793.

Il avait fait d'assez bonnes études ; ses courts instants de loisirs étaient consacrés à la lecture. Sa correspondance, ses rapports militaires sont remarquables par leur précision et par la correcte simplicité du style (1).

Mais une qualité qui, chez Marceau, dominait toutes les autres, c'était une irréprochable probité. Après avoir commandé en chef de grandes armées, il mourut pauvre.

---

(1) Dans ses rapports il parle des généraux, des soldats. Il n'oublie personne, excepté lui. — Voir au dépôt de la guerre.

Cependant les occasions d'acquérir des richesses ne lui manquèrent pas, ayant été à la tête des premiers corps républicains qui firent la conquête de la Belgique et des riches provinces de l'Allemagne jusqu'au Rhin. Il sortit pauvre de ces belles contrées, longtemps gouvernées, administrées par lui et occupées par un corps d'armée considérable dont il était le chef, et dans lequel il avait rétabli l'ordre et la discipline. Les larmes versées sur sa tombe par un ennemi généreux témoignent assez haut de la vertu de Marceau. Voici de plus à cet égard une anecdote qu'on ne lira pas sans intérêt.

L'auteur de cette notice avait soumissionné, en Lorraine, moyennant 20,000 francs payables en mandats (1), et représentant, en numéraire, à peu près 5,000 francs, une petite propriété nationale qu'il invita Marceau à acquérir pour lui-même, sa réponse mérite d'être citée en entier; elle pourra servir à faire connaître, en même temps que le noble caractère et le style vif et fier du jeune général, sa situation pécuniaire à une époque où plus d'un personnage éminent se trouvait d'ailleurs aussi mal en fonds que lui, mais avec d'autres dispositions peut-être à corriger la mauvaise fortune :

---

(1) Papier-monnaie qui avait cours forcé et qui avait remplacé les assignats.

ARMÉE DE SAMBRE ET MEUSE

LIBERTÉ ÉGALITÉ FRATERNITÉ.

1ᵉ DIVISION
aile droite

Au Quartier Général à *Friedberg,*

le *14* du mois de *Thermidor 4ᵉ* année

Republicaine.

MARCEAU, GÉNÉRAL DE DIVISION

Au Commissaire des guerres Robert —

J'ai reçu mon cher Robert avec vos differente lettre une troisjhovaux qui malheureusement sont loin d'être bien portants. lanouviaux est en bien mauvais état, lecerf a la jambe grosse comme lecorps cllepetit Sauvage ne peut rien, mey romettre cllBon. vous voyez que jen suis peu heureux. recevez mes remerciements pour lesoin que vous avez bien voulu leur Donner et veuillez men renvoyer lesautres, j croisez mon cher Robert que je n'oublierai point. vosbon offices etque je m'estimerai heureux depouvoir les reciproquer.

j'aidonné les trois Louis que vous maviez chargé d'avancer — je vous ai repondu aussi sur la Soumission je me trouve sur la [illegible] assez ruiné aufond encsoute

qui ne fait d'orient un fardeau quand elle ne ... représente
les moyens de Bonheur je baise au tien marduc ... tous
et amateur monfort en attendans reçois pour vous et votre
Epouse les assurances de mon sincere attachement

Envoyez moi f'entier car ... le rendrai ... que france
... gauguer en Domestique — ... faitrevé braarbach —
... et Beugez

Marceau

ARMÉE DE SAMBRE ET MEUSE. — 1re DIVISION. — AILE DROITE.

Au quartier-général à Wisbaden, le 14 du mois de thermidor, 4e année républicaine.

MARCEAU, général de division, au commissaire des guerres ROBERT.

« J'ai reçu, mon cher Robert, avec vos différentes lettres, mes trois chevaux, qui malheureusement sont loin d'être bien portants. La Nouvionne est en bien mauvais état, le Cerf a la jambe grosse comme le corps, et le petit Sauvage ne peut rien promettre de bon. Vous voyez que je ne suis pas heureux. Recevez mes remerciements pour les soins que vous avez bien voulu leur donner, et veuillez me renvoyer les autres. Pensez, mon cher Robert, que je n'oublierai point vos bons offices, et que je m'estimerai heureux de pouvoir les réciproquer.

J'ai donné les trois louis que vous m'aviez chargé d'avancer ; je vous ai répondu aussi pour les soumissions. Je me trouve, ma foi, hors d'état de rien acquérir, je suis ruiné de fond en comble ; il me reste la cape et l'épée, l'honneur et la vie, qui, ma foi, devient un fardeau quand elle ne peut présenter des moyens de bonheur. Je laisse au temps, maître de tout, à améliorer mon sort. En attendant, recevez pour vous et votre épouse les assurances de mon sincère attachement.

Envoyez-moi l'Entier, car ici je le vendrai mieux qu'en France. Il faut que le domestique passe par Trèves, Traarbach, Zimmern et Bingen ».   MARCEAU.

Un mois à peine après avoir écrit à l'auteur la lettre qu'on vient de lire, Marceau avait cessé de vivre !

L'auteur l'a conservée, non-seulement comme un gage inestimable de ses relations avec un homme héroïque, mais comme un monument précieux aux yeux du philosophe, de l'honnête homme et de l'historien (1).

« Marceau, a dit justement Lavallée dans l'Eloge de
» Desaix, a montré comme on gravit au faîte de la gloire;
» mais il a montré un art plus difficile encore, l'art de
» survivre dignement à la victoire. »

L'avant-propos qui précède cette notice et les faits que j'ai cru devoir y ajouter font connaître à ceux qui l'ignorent, et rappellent à ceux qui l'ont peut-être oublié l'esprit de ces temps d'anarchie et de discorde ; ce sont des

---

(1) Marceau pouvait bien dire avec un poëte de l'antiquité : *je porte tout avec moi*. Ses effets personnels et ses chevaux (il n'avait pas de voiture) formaient toute sa fortune. Ils furent amenés à Nancy et vendus publiquement par un de ses frères, moyennant 3,000 fr.

L'auteur de cette notice en a conservé l'inventaire général : c'est un monument curieux par le temps qui court.

documents précieux ou plutôt des monuments de la funeste influence de l'esprit de parti et de la liberté indéfinie de la presse, des injustices, de la dépravation, de la dégradation de l'espèce humaine, quand elle a brisé le frein de la raison, de la religion et de l'humanité. Ils prouveront, ces documents, jusqu'à quel point peuvent se porter l'aveuglement, l'ambition, l'ingratitude.

Ce qui s'est passé dans un temps déjà reculé pour la génération actuelle, devra l'éclairer sur les dangers de prêter l'oreille aux déclamations des journaux, et leur apprendra que depuis Horace jusqu'à nous la modération est la voie de la sagesse, de la prudence, du véritable patriotisme.

AUTOGRAPHE DE KLÉBER.

L'éloge de Marceau qu'on vient de lire fait connaître combien Kléber a contribué aux succès des armées républicaines dans la Vendée, et qu'il fallut tout le génie de ces deux illustres capitaines pour terminer la guerre par une paix honorable.

Kléber n'était pas seulement un grand général, il était aussi un grand citoyen, ainsi qu'on pourra en juger par les réponses qu'il fit à un agent secret, envoyé près de lui par les puissances étrangères, lorsqu'il commandait, par intérim, l'armée de Sambre-et-Meuse, pour l'engager à trahir la République dans l'intérêt de la cause de la Maison de Bourbon.

Ces réponses aux propositions de cet agent sont consignées dans les fragments de ses souvenirs, que je joins ici? Réponses sublimes et bien remarquables!

Je ne parlerai pas de ses campagnes en Europe et en Egypte, les monuments élevés à sa gloire et à celle de Marceau, les rappelleront l'un et l'autre à l'admiration de la postérité.

Kleber (Jean Baptiste)

né à Strasbourg en 1754, mort au Caire en 1800.

Fragments extraits des souvenirs du Général Kleber.

D.C. Quelle seroit, Général, la réputation moderne que vous ambitionneriez, si en fait de réputation il vous restoit quelque chose à desirer ? — K. je passe sur le complément et je répond à la question : c'est celle de Wasingthon — D.C. ah ha ! je ne m'y attendois pas — K. cela se peut — D.C. et vous ne nous dites rien de plus ? — K. Si : c'est que Wasingthon a commencé et fini sa glorieuse entreprise, qu'il en avoit calculé le succès sur des moyens qui y étoient proportionnés et que lorsqu'il l'eut obtenu, il n'en fut point enivré ; — enfin que cette entreprise étoit louable tant sous les rapports politiques, que sous ceux de la philosophie puisqu'elle avoit pour objet non des conquêtes, des pillages et des dévastations, mais l'indépendance et le bonheur de sa nation.

je ne remplacerai jamais dans la boue l'enseigne sanglant des jacobins ; et je trouverois indigne de moi, après le role que le destin m'a fait jouer dans cette révolution, de donner un maitre, meme à des esclaves.

Pourquoi avez vous combattu jusqu'ici ?—
Pour la gloire de nos armes ~~françaises~~ et pour
la liberté ; la gloire de nos armes est a
son comble, la liberté s'éloigne a
mesure que j'avance .... que dis-je
elle n'est deja plus ..... elle ne fut meme
jamais ..... je n'en ai eu que l'espoir ...
cet espoir est évanoui..... Il me reste
pourtant encore une forte raison de continuer
mes carrière s'il est vrai que je la fourni
avec quelques succès c'est celle d'en contribuer
a empecher, autant que possible, que les Etrangers
ne s'ingerent dans nos affaires du dedans, car
ce qui peut seulement moi, arriver de plus
humillant a une nation, est de recevoir du dehors
des loix et son gouvernement c'est le Seul
évenement, qui, s'il pouvoit arriver me feroit
a jamais renier ma patrie et mes travaux.

Kleber